LES OUVRIERS PENSANTS

OU

LA RÉPUBLIQUE

BASÉE SUR LES LOIS DIVINES.

PREMIÈRE PARTIE.

SAINT-DENIS. — IMPRIMERIE DE PREVOT ET DROUARD.

Cet ouvrage doit porter la signature de l'auteur.
Tout exemplaire qui n'en serait pas revêtu sera
réputé contrefait.

Ouvrages de l'auteur.

ALPHABET RIMÉ, *ou art d'enseigner la lecture et
l'orthographe élémentaires par l'écriture, la
mesure et la rime.*

CONJUGATEUR RIMÉ, *ou art d'enseigner la conjugaison et l'orthographe des verbes par la mesure et la rime.*

ROMANE, *ou les ouvriers pensants,* drame histo-
rique et politique en trois actes et en prose.

LES
OUVRIERS PENSANTS

OU

LA RÉPUBLIQUE

BASÉE SUR LES LOIS DIVINES ;

PAR BONHOURE,

OUVRIER ET INSTITUTEUR.

Instruire les ouvriers, leur expliquer leurs droits et leurs devoirs, leur procurer du travail, les rendre sages, heureux ; les amener à voir les choses par eux-mêmes, et non par les yeux des autres : tel est le but de cet ouvrage.

C'est aussi facile d'occuper tous les ouvriers et en tout temps, qu'il est facile de tourner la tête.

Le monde est destiné à vivre en république ; et, pour qu'il n'ait point à se tromper sur les formes qu'elle doit avoir, Dieu lui en a donné le modèle dans le gouvernement des sociétés animales.

La vraie république est un gouvernement parfait.

PARIS.

L.-F. HIVERT, LIBRAIRE-ÉDITEUR,
Quai des Augustins, 33.

—

1848.

Tous les hommes sont créés pour être heureux, libres, égaux et frères. Mais tous ne peuvent parvenir à être tels, que par l'instruction, le travail et la religion.

La terre, le travail, la nourriture et les vêtements ne manquent point aux mortels ; ce qui leur manque, c'est la justice, c'est la sagesse, c'est la vertu, c'est l'art de se gouverner.

PLAN DE CET OUVRAGE.

PREMIÈRE PARTIE.

Dédicace.
Préface.
Exorde.
De la chute des rois.
De la liberté.
De l'égalité.
De la fraternité.
Du développement de la pensée.
De l'instruction primaire.
De l'histoire.
De la philosophie.
Des mœurs des ouvriers.
De l'union des ouvriers.
De la perfection des arts.
Du droit de parler et de se réunir.

DEUXIÈME PARTIE.

De la législation divine et humaine.
Des droits et des devoirs de l'homme.
Des droits naturels.
Du droit de vivre.
Du droit à l'instruction.
Du droit au travail.
Du droit à la propriété.
Du droit à la souveraineté nationale.
Des droits conventionnels
Des droits de tous et de chacun.
Des devoirs naturels.
Des devoirs conventionnels.
Des devoirs de tous et de chacun.

TROISIÈME PARTIE.

De l'organisation sociale.
De l'organisation de l'instruction.
De l'organisation des écoles.
Des degrés de l'instruction

De l'organisation de la propriété.

De la propriété communale.

De la propriété familiale.

De l'organisation du travail.

Du travail commun.

Du travail individuel.

Du prix de la journée des ouvriers et des chefs d'ouvriers.

De l'organisation du gouvernement.

Du droit d'élection.

Du droit d'éligibilité.

Du droit d'annuler les lois.

Du traitement des chefs et des employés du gouvernement.

Du phalanstère.

Du communisme.

Des entrepreneurs et des ouvriers.

Des qualités du législateur.

QUATRIÈME PARTIE.

Des maîtres et des domestiques.

Du luxe.

De l'impôt.

De la famille.

De la fortune légitime.

Du mariage.

De la religion.

De l'utilité des machines.

Du bonheur.

Des écoles ouvrières.

Voici à peu près le plan de cet ouvrage, qui n'est pas encore terminé, et qui n'aura guère que 200 pages.

Ce livre, soit en philosophie, soit en législature, est, pour les ouvriers, le plus utile qui ait paru. Aucun philosophe, aucun législateur, n'a fait connaître les idées et les lois que j'expose ici.

AUX OUVRIERS FRANÇAIS.

Comme vous autres, amis, je suis ouvrier, malheureux. Comme vous autres, j'ai souvent manqué d'ouvrage, de pain, de vêtements, d'asile. Je me suis souvent vu maltraité et humilié par les riches.

Cet état de misère, de douleur dans lequel nous vivons, durera-t-il longtemps?... Sommes-nous créés pour être toujours souffrants, privés de tout?... Non, je ne le pense pas. Car je crois entrevoir, pour nous tirer d'un tel état, des faits et des moyens convenables, suffisants. Et ce sont ces faits et ces moyens que je vous explique ici, que je vous conseille de voir, d'examiner un peu.

Assurément, amis, vous passez une vie triste, pénible. Mais si vous la passez telle, ce n'est pas de la faute du Créateur, ce n'est que par la vôtre, c'est parce que vous êtes ignorants, paresseux, vicieux.

Si vous voulez sortir de cette affreuse vie, de cette vie où votre *ignorance* volontaire vous plonge, vous ensevelit; vous n'avez, pour cela, qu'une chose à employer. Cette chose consiste à vous donner une bonne instruction, une instruction sage, solide, profonde, étendue.

Par cette instruction, amis, que je vous propose d'acquérir, vous cesserez bientôt de souffrir, de gémir, de vous plaindre. Vous passerez bientôt à une nouvelle existence, à une existence paisible, agréable, heureuse; à une existence qui vous sourit, qui vous salue, que vous désirez, que vous cherchez depuis longtemps, et que vous ne trouvez point.

PRÉFACE.

En France, une ère nouvelle, attendue, désirée, vient de s'ouvrir. Et, par la révolution qu'elle a produite, les ouvriers français ont montré qu'ils savent combattre, qu'ils savent vaincre. Mais, après avoir vaincu leurs tyrans, ils ne doivent pas en rester là, car il importe qu'ils étudient leurs droits et leurs devoirs; qu'ils apprennent à se gouverner eux-mêmes, à jouir de leur liberté, de leur souveraineté nationale.

Un peuple qui ne sait que faire la guerre, qui n'a pas d'instruction, qui ne connaît ni ses droits ni ses devoirs, qui ne vit point selon les lois naturelles, n'est pas un peuple d'hommes complets, pensants. Il n'est qu'un peuple d'hommes naissants, *ébauchés*. Et le peuple français, que l'on n'en doute point, est encore tel.

Dans une république, il convient que tous les ouvriers soient sages, instruits; qu'ils voient leurs lois par eux-mêmes, par leurs propres yeux. Qu'ils ne les voient pas que par ceux des députés, que par ceux des riches. Et c'est là, si je le puis, que je veux les pousser, les conduire.

Dans le monde, un fait m'étonne, me frappe, c'est de voir que la terre n'est pas cultivée, qu'elle peut produire cent fois plus qu'il ne faut pour nourrir tous les hommes qu'elle porte en ce moment, et que le plus grand nombre de ceux-ci n'ont pas de travail, pas de pain, pas de vêtements.

Pour que la société humaine soit ainsi, d'où cela provient-il? d'où l'effet en peut-il résulter?...

Voilà une idée qui mérite de l'attention, du raisonnement, du développement. Or, comme elle en mérite, saisissons-la, attachons-nous-y.

L'écrivain le plus propre à instruire les ouvriers, à leur enseigner leurs droits et leurs devoirs, à organiser le travail, est nécessairement celui qui est ouvrier lui-même, celui qui vit parmi eux; qui connaît leur intelligence, leurs mœurs, leurs besoins et leurs misères. Et cet écrivain, s'il existe, doit se montrer, doit chercher à se faire connaître, à rendre service à ses confrères, à ses concitoyens.

LES OUVRIERS PENSANTS

ou

LA RÉPUBLIQUE

BASÉE SUR LES LOIS DIVINES.

PREMIÈRE PARTIE.

CHAPITRE PREMIER.

Exorde.

La terre est faite pour l'homme, et il ne la possède point.

L'homme est fait pour boire et pour manger, et il meurt de soif et de faim.

L'homme est né libre, et il vit dans les fers.

L'homme est né pour connaître ses droits et ses devoirs, et il les ignore.

L'homme est né pour travailler, et il n'a point d'ouvrage.

L'homme est né pour aimer, et il n'a que des ennemis.

L'homme est né pour être savant et sage, et il est ignorant et pervers.

L'homme est né pour vivre en république, et il vit en monarchie.

L'homme, en un mot, est né pour être heureux et parfait, et pourtant, il est, on le voit, le plus malheureux et le plus imparfait des êtres.

Si, par tout ce qui se passe, par tout ce que existe, il n'est pas heureux et parfait, s'il n'est pas du tout ce qu'il doit être, mettons-le à même de le devenir, donnons-lui en les moyens.

Il faut en convenir : les hommes, quoique malheureux, ne le sont pas tous; car il y en a qui sont même très-heureux, qui jouissent aisément de tous les plaisirs de la vie. Mais quant aux autres, c'est-à-dire le plus grand nombre, ils en sont tout à fait privés, sevrés. Et ces derniers sont les ouvriers, les travailleurs dont je fais partie, et que je brûle d'éclairer, de sortir de la misère.

Ouvriers, vous que je connais, vous parmi lesquels j'ai toujours vécu, et que je veux instruire, réveillez-vous, tenez-vous prêts. Réunissez-vous dans vos champs, dans vos chantiers, dans vos manufactures, dans vos boutiques et dans vos ateliers.

Là, amis, en silence, et dans l'attention, prêtez l'oreille à ma voix, entendez la vérité et la justice. Aidez l'homme qui cherche votre bien en écrasant les tyrans, en vous instruisant, en vous montrant vos droits, vos devoirs et vos libertés.

Et, par cet acte, amis, plein de sagesse et de grandeur, vous vous rendrez dignes de lui et de vous, dignes de vos fils et de l'humanité.

CHAPITRE DEUXIÈME.

De la chute des rois.

ROMANE.

Nous sortons de l'enfer, amis, nous allons entrer en paradis. En renversant la monarchie, en créant la république, nous accomplissons le plus grand des actes, nous marchons vers le bonheur, vers la justice.

VICTOR.

Je le crois.

TOUS LES OUVRIERS.

Moi aussi ! moi aussi !...

ROMANE.

Grâce au ciel, nous sommes maîtres, nous sommes libres, nous n'avons plus de rois. Si les peuples savaient le peu qu'ils valent, les rois, et le mal qu'ils font, ils n'en auraient jamais.

TOUS LES OUVRIERS.

C'est vrai! c'est vrai!...

ROMANE.

Dieu n'a pas destiné les nations à vivre en monarchie, il les a plutôt destinées à vivre en république, Mais pour leur faire trouver ces dernières plus belles, plus heureuses, il leur a donné les premières pour un temps. Voici pourquoi nous avons eu des monarques.

DAVID.

Si nous en avons eu, nous n'en avons plus. En France, leur règne est fini.

TOUS LES OUVRIERS.

Oui!... oui!... Il l'est! il l'est!...

ROMANE.

Et vous en êtes contents?...

TOUS LES OUVRIERS.

Très-contents! très-contents!...

JULES.

Ils pourront revenir.

TOUS LES OUVRIERS.

Jamais! jamais!...

ROMANE.

Le premier roi fut un homme-monstre, un tyran. Le dernier sera encore tel.

AUGUSTE.

C'est sûr.

ROMANE.

Les hommes, amis, peuvent-ils l'être, rois?...
Non, car à Dieu seul appartient ce titre.

TOUS LES OUVRIERS.

Oui !... oui !... A lui seul ! à lui seul !...

ROMANE.

Si donc, il n'appartient qu'à lui seul, pourquoi
les mortels osent-ils le prendre?...

SIMON.

C'est parce qu'ils sont des fous, des orgueilleux.

TOUS LES OUVRIERS.

Bravo ! bravo !...

ROMANE.

Un roi, que doit-il être?... Un être doux, juste,
sage, simple, courageux et bienfaisant. Un être qui
doit, en toutes choses, en toutes occasions, préférer
le bien public au sien, à celui de sa famille. Or, je
vous le demande, y en a-t-il eu, parmi tous ceux
que l'histoire cite, qui se soient montrés tels?
ainsi?...

ADOLPHE.

Non! non!... Il n'y en a pas eu! il n'y en a pas
eu!...

ROMANE.

Si donc, il n'y en a pas eu, ils sont inutiles? nous
ne devons pas les souffrir?...

TOUS LES OUVRIERS.

C'est clair ! c'est clair !...

ROMANE.

Un bon père ne cherche point à opprimer ses enfants, à les dévorer. Loin de là, il cherche plutôt à leur donner toutes les libertés possibles, à les instruire, à les rendre riches, heureux. Les rois, eux, agissent-ils ainsi envers leurs sujets? leurs concitoyens?...

CATON.

Non, ils n'agissent pas ainsi; ils font tout le contraire.

ROMANE.

Si donc, ils n'agissent pas ainsi, s'ils font tout le contraire, ils ne sont point ce qu'ils devraient être; ce ne sont que des tyrans, que des monstres.

SCÉVOLA.

Ils ne sont pas autre chose; ils ne sont absolument que cela.

JULES.

A bas les rois !...

TOUS LES OUVRIERS.

Oui! oui!... A bas les rois! à bas les rois!...

ROMANE.

A force de la désirer, à force de la demander, elle est donc enfin venue; nous sommes donc enfin en république. Si nous y sommes, restons-y, tenons-nous-y. Aimons cette forme de gouvernement, respectons-la, adorons-la.

TOUS LES OUVRIERS.

Nous l'adorons aussi ! nous l'adorons aussi !...

ROMANE.

Cette chère république, cette fille que j'aime, que j'adore, elle brille déjà à nos regards : elle est déjà sasise sur son trône. Et ce trône se compose de trois mots; des mots liberté, égalité, fraternité.

Ces trois mots, amis, sont grands, parfaits. Mais pour que vous en compreniez le sens, il est bon que je vous l'explique, que vous sachiez ce que vous devez entendre par les idées de liberté, d'égalité, de fraternité. Faute d'en comprendre la vraie signification, l'étendue, vous pourriez peut-être, sans le vouloir, faire comme nos pères, tuer aussi notre mère.

SCÉVOLA.

S'ils ont tué la leur, eux, nous ne les imiterons point; nous ne *tuerons* point la nôtre, nous.

ROMANE.

J'en suis convaincu, je me plais à le croire. Maintenant, pour lui conserver la vie, pour lui donner de la force, voyons sur quoi elle repose, sur quoi elle est fondée, basée. Expliquons le sens des trois mots qui la constituent; des mots liberté, égalité, fraternité.

1...

JEAN.

Oui, expliquez-le-nous, ce sens; l'explication peut nous en être très-utile, très-nécessaire.

TOUS LES OUVRIERS.

C'est certain ! c'est certain !...

CHAPITRE TROISIÈME.

De la liberté.

ROMANE.

La liberté, amis, est le droit ou le pouvoir que nous avons d'agir volontairement ou de ne pas agir, de faire volontairement une chose ou de ne pas la faire.

Si, dans ce cas, on nous propose de marcher ou de chanter, et que nous ne voulions point, on ne peut nous y forcer, nous y *contraindre*. Si donc, on ne le peut, nous sommes libres de nous y refuser.

TOUS LES OUVRIERS.

C'est vrai! c'est vrai!...

ROMANE.

Si, au contraire, il nous plaît de marcher et de chanter, et que l'on veuille nous en empêcher, on n'en a pas le droit, on ne le doit pas. Si donc, on ne le doit pas, on ne peut s'y opposer? Nous sommes libres de le faire?...

TOUS LES OUVRIERS.

Sans nul doute! sans nul doute!...

ROMANE.

La liberté consiste donc, comme vous le voyez, à faire ou à ne pas faire ce qui nous convient ou ce qui ne nous convient pas? de même qu'à le dire ou à ne pas le dire?...

JULES.

C'est clair.

ROMANE.

Voilà ce que c'est que la liberté.

TOUS LES OUVRIERS.

C'est cela même! c'est cela même!...

ROMANE.

C'ette liberté, nous la possédons d'une manière infinie, sans bornes. Mais si nous la possédons ainsi, ce ne doit pas être pour en abuser, pour en opprimer les autres êtres. Ce doit être, au contraire, si nous sommes justes, raisonnables, pour les protéger, pour les défendre.

TOUS LES OUVRIERS.

Très-bien! très-bien!...

ROMANE.

La liberté, bien comprise, consiste toujours à produire le bien, jamais le mal.

SIMON.

Je suis de votre avis.

ROMANE.

Laissons libre, celui qui laisse les autres libres; enchaînons celui qui enchaîne les autres.

TOUS LES OUVRIERS.

Bravo! bravo!...

De l'égalité.

ROMANE.

L'égalité, amis, est un droit commun qui appartient à tous les hommes, une propriété dont ils sont tous possesseurs; qu'ils possèdent tous au même degré.

AUGUSTE.

Pour moi, je crois que c'est cela.

TOUS LES OUVRIERS.

Moi aussi ! moi aussi!...

ROMANE.

Nous entrons tous dans le monde par la même voie, nous en sortons encore tous par la même. Donc, en entrant dans la vie comme en en sortant, nous sommes, entre nous, tous égaux? et parfaitement égaux?

TOUS LES OUVRIERS.

C'est sûr ! c'est sûr!...

ROMANE.

L'égalité consiste donc, dans ce cas, dans les propriétés ou les qualités semblables qu'ont entre eux des êtres de même espèce?...

DAVID.

C'est certain; c'est absolument là qu'elle réside, où elle se trouve.

ROMANE.

Voilà, alors, ce que c'est que l'égalité?...

TOUS LES OUVRIERS.

Oui, oui... voilà ce que c'est! voilà ce que c'est!...

ROMANE.

Sous divers points de vue, nous sommes tous égaux, absolument égaux ; mais sous d'autres points nous ne le sommes pas, nous ne pouvons pas l'être, car il y a toute impossibilité.

SIMON.

C'est ce que je pense.

ROMANE.

Nous sommes égaux devant Dieu, parce qu'il nous voit tous d'un même œil; nous le sommes aussi devant nos lois, parce qu'elles nous appellent tous aux mêmes droits.

TOUS LES OUVRIERS.

C'est vrai! c'est vrai!...

ROMANE.

Voyons s'il en est ainsi ailleurs.

JULES.

Oui, voyons-le.

ROMANE.

Quoique faits les uns comme les autres, nous n'avons pas tous la même force de corps? ni la même force d'esprit?...

JEAN.

C'est sûr.

ROMANE.

Donc, de ce côté, nous ne sommes pas égaux? nous ne pouvons pas l'être?...

TOUS LES OUVRIERS.

C'est clair! c'est clair!.....

ROMANE.

Si, de ce côté, nous ne le pouvons point, il est d'autres cas où nous le pouvons.

CATON.

Dans quels cas est-ce?...

ROMANE.

Dans la vertu, dans la sagesse, dans le courage, dans la justice, etc. Et cette égalité-là n'est pas, n'en doutez point, la moins désirable, celle qui doit vous flatter le moins.

VICTOR.

Vous nous dites quelquefois que le monde est imparfait, pervers; que vous voulez le régénérer, lui donner des lois. Jusqu'à présent, je n'ai point cru à ces paroles; mais aujourd'hui il n'en est plus ainsi, car je commence à y croire, à ouvrir les yeux... Romane, c'est ici le cas de le dire : celui qui vous voit ne vous connaît pas toujours.

ROMANE.

Vous croyez?...

VICTOR.

Oui, je le crois... pour un berger, pour un ouvrier maçon; pour un homme, enfin, qui n'a point reçu d'instruction, qui a éprouvé les plus grandes misères; où avez-vous pu prendre toutes les idées qui vous animent? où avez-vous pu les puiser?...

ROMANE.

Dans la lecture, dans la conversation des hommes sages et éclairés, dans les réflexions de tout genre: voilà où je les ai puisées.

TOUS LES OUVRIERS.

Très-bien! très-bien!...

LÉON.

Vous, Romane, en agissant ainsi, vous allez devenir un grand homme, un grand philosophe. Tandis que nous, en faisant comme nous faisons, en buvant, en jouant, en nous fâchant, nous resterons toujours des machines, des hommes propres à rien.

Voilà, Romane, vous le voyez, la différence qu'il y a entre celui qui aime à marcher vers la lumière, et celui qui se plait à vivre dans les ténèbres.

TOUS LES OUVRIERS.

Bravo! bravo!...

De la fraternité.

ROMANE.

La fraternité, amis, est le lien qui nous unit par la naissance, par le cœur, par le sentiment, par la connaissance.

Naissant tous semblables, étant tous enfants du même père, nous nous trouvons naturellement, par ces faits, tous frères par la naissance. Mais il importe encore, après ce premier lien de la vie, que nous le soyons aussi par le cœur, par le sentiment, par la connaissance.

TOUS LES OUVRIERS.

C'est vrai ! c'est vrai !...

ROMANE.

Quoique étant beaucoup, nous ne devons être, néanmoins, qu'un seul homme; qu'un être composé d'un nombre infini d'autres êtres.

TOUS LES OUVRIERS.

D'accord ! d'accord !...

ROMANE.

Voilà ce que c'est que la fraternité.

AUGUSTE.

Je la sens avec force !... Elle m'anime la pensée, elle me brûle, elle me pousse vers les autres hommes.

TOUS LES OUVRIERS.

Moi aussi ! moi aussi !...

ROMANE.

La fraternité, telle qu'on doit l'entendre, est, pour l'homme, la chose par excellence, la chose qui renferme tout, qui unit tout, qui réchauffe tout, qui tient tout. Celle-ci, si elle est bien comprise, est, enfin, la véritable base, la véritable âme des républiques; car sans elle, elles ne peuvent exister, même être conçues.

Les hommes, soyez-en sûrs, amis, ne sont pas seulement frères entre eux, dans tous les pays du monde; mais encore avec toute la nature, avec tous les êtres.

Donc, la fraternité est, je vous le répète, la chose par excellence, la chose qui embrasse tout, qui tient tout, qui anime tout.

Voici, si je ne me trompe, ce que signifie, ce que veulent dire les mots liberté, égalité, fraternité. Ou les trois mots sur lesquels notre belle république est basée, assise.

Quand, amis, nos pères ont conçu et écrit ces trois mots sur nos drapeaux, sur les façades de nos monuments publics et dans nos lois; quand, enfin, ils en ont fait le principe, la base, le trône de notre république, ils ont eu la plus grande, la plus sainte des idées, car ils ont créé, par elle, la vraie république, la républiqne parfaite, le gouvernement conforme à celui des sociétés animales, des lois naturelles.

DAVID.

A cet égard, je suis entièrement de votre avis.

TOUS LES OUVRIERS.

Nous aussi! nous aussi!...

SIMON.

Il n'y a point de fraternité là où on ne s'aime pas, là où on n'est pas uni. Et c'est ce qui a toujours eu lieu dans les monarchies, dans ces gouvernements féroces, barbares.

TOUS LES OUVRIERS.

C'es sûr! c'est sûr...

———

CHAPITRE QUATRIÈME.

Du développement de la pensée.

ROMANE.

Un philosophe a dit que la république ne convient qu'aux dieux, et non aux hommes. Ce philosophe, parlant ainsi, s'est trompé. Si les hommes ne sont point des dieux, ils en sont de l'espèce. Si donc, ils en sont, ils peuvent aussi, comme eux, vivre en république; car cette forme de gouvernement ne leur est point incompatible.

Oui, amis, croyez-le, la république, quoique n'étant faite que pour des êtres sages, justes, ne convient pas qu'aux dieux seuls; car elle convient également aux hommes. Mais, pour que ces der-

niers puissent y vivre, il est bon qu'ils se connaissent, qu'ils sachent se commander. Et, pour en
arriver là, il faut qu'ils sortent de l'état d'enfance
où ils sont plongés; il faut qu'ils deviennent des
êtres pensants, intelligents, des êtres complets.

L'homme est, par sa nature, plein de vertu,
plein de grandeur. Mais pour que cette vertu et
cette grandeur naissent en lui, pour qu'elles s'y
développent, il est utile qu'il s'instruise, il est
utile qu'il acquière des idées.

Avec l'instruction, l'homme le plus vicieux peut
devenir très-vertueux.... Sans l'instruction,
l'homme le plus sage peut devenir très-imparfait.

JULES.

Je l'avoue : ce raisonnement est géométrique.

CATON.

Absolument.

LÉON.

On ne le peut nier.

DAVID.

Impossible.

ROMANE.

Aux enfants la monarchie, aux hommes la république.

LÉON.

Les Français, que sont-ils, eux?...

ROMANE.

Encore des enfants; mais prêts à passer à l'état
d'hommes.

TOUS LES OUVRIERS.

Bravo! bravo!...

ROMANE.

Oui, amis, n'en doutez point : les Français sont encore enfants, et prêts à passer à l'état d'hommes. Mais, pour y parvenir, ils ont à travailler, à s'instruire ; car ce n'est que par l'instruction, que par le développement de leurs idées, qu'ils pourront devenir des êtres pensants et intelligents ; des êtres propres à se gouverner eux-mêmes, à vivre en république.

TOUS LES OUVRIERS.

C'est vrai ! c'est vrai !...

De l'instruction primaire.

ROMANE.

Jésus-Christ, pour vous sauver, pour briser vos fers, vous appelait à lui par la communion. Moi, pour vous enseigner la république, pour vous la faire aimer, je vous appelle à moi par l'instruction ; parce que je sais que ce n'est que par elle que je peux vous rendre libres, vous rendre citoyens.

Un homme, amis, qui n'est pas instruit, n'est point un homme... Un homme, au contraire, qui l'est, est un dieu.

DAVID.

C'est sûr.

TOUS LES OUVRIERS.

Très-sûr! très-sûr!...

ROMANE.

Vous le savez; nos idées ne se développent, ne se déroulent, que par la conversation, que par la lecture. Mais, pour lire, il faut savoir. Or, il est prouvé, à cet égard, qu'il y a encore beaucoup d'ouvriers français qui ne savent pas. Si donc ils ne savent pas, il convient qu'ils apprennent, qu'ils aillent à l'école.

SCÉVOLA.

Quoi! vous voulez que tous les ouvriers français qui ne savent ni lire ni écrire apprennent à présent?...

ROMANE.

Oui, je le veux. Et, si je le veux, c'est parce que je sais qu'ils le peuvent.

SCÉVOLA.

Je l'avoue; j'en doute... Pour le croire, je voudrais le voir.

ROMANE.

Vous êtes dans l'erreur... On apprend à lire, à écrire et à orthographier à tout âge. A cinquante ans comme à dix, et en moins d'un an. Quelquefois en huit ou dix mois.

JULES.

C'est possible?... Vous dites vrai?...

ROMANE.

Très-vrai... C'est ce que je viens de prouver par ma méthode de lecture.

JULES.

En ce cas, je trouve que tous ceux qui ne savent ni lire ni écrire feraient bien d'apprendre.

TOUS LES OUVRIERS.

Très-bien ! très-bien !...

ROMANE.

Aux monarchies l'ignorance. Aux républiques la connaissance. Or, nous sommes en république, donc, instruisons-nous.

TOUS LES OUVRIERS.

Bravo ! bravo !...

ROMANE.

Celui qui ne sait ni lire ni écrire a des yeux et ne voit point ; il a aussi une langue et ne sait point s'en servir.

TOUS LES OUVRIERS.

C'est vrai ! c'est vrai !...

ROMANE.

Sous les monarchies, qui sont des gouvernements d'enfer, les ouvriers ne pouvaient pas s'instruire ; on ne le voulait point, parce qu'on craignait qu'ils n'aperçussent la lumière, qu'ils ne vissent clair. Mais aujourd'hui que nous sommes en république, il n'en sera pas ainsi, car on va leur ouvrir

des écoles communales, on va les forcer à y aller.
Or, qu'ils n'attendent pas qu'on le fasse, qu'ils s'y
rendent tous de bonne volonté.

TOUS LES OUVRIERS.

Nous irons! nous irons!...

ROMANE.

Si un homme, à force de parler ou de lire, ac-
quiert des idées; mais s'il ne sait point les exprimer convenablement, s'il ne sait point se faire comprendre, à quoi est-il bon?...

DAVID.

A peu de chose... Dans ce cas, il vaut presque
autant qu'il soit ignorant que savant.

TOUS LES OUVRIERS.

D'accord! d'accord!...

ROMANE.

Oui, pour être instruit, développé, il ne faut pas
seulement avoir des idées, en acquérir; il faut
encore, lorsqu'on les a acquises, que l'on sache
les exprimer, que l'on en possède le premier outil.
Et ce premier outil, on le sait, est la connaissance
de la grammaire.

TOUS LES OUVRIERS.

C'est vrai! c'est vrai!...

ROMANE.

Vous en convenez donc?... Vous sentez donc
cette vérité?...

TOUS LES OUVRIERS.

Oui! oui!...

ROMANE.

Alors, apprenez-la la grammaire; étudiez-la.

TOUS LES OUVRIERS.

Nous l'étudierons! nous l'étudierons!...

ROMANE.

Je vous le conseille... Vous ferez bien.

CHAPITRE CINQUIÈME.

De l'histoire.

Afin que les ouvriers puissent devenir des êtres pensants, intelligents; afin qu'ils puissent développer, dérouler leur intelligence, il ne suffit pas qu'ils possèdent des idées, qu'ils sachent les exprimer, il importe encore, pour qu'ils soient de vrais hommes, des hommes complets, qu'ils connaissent aussi un peu l'histoire et la philosophie, qu'ils les étudient aussi.

LÉON.

Alors, un peu d'histoire, Romane.

ROMANE.

D'accord; je ne demande pas mieux. C'est même, je l'avoue, un grand plaisir que vous me procurez.

Pour ce qui est de l'histoire, amis, il est inutile de toute la parcourir, de la voir en détail... Dans cette vue, porter d'abord un coup d'œil sur le commencement du monde, et le reporter aussitôt jusqu'à nous, est, il me semble, tout ce qu'il faut.

Qui a lu les plus grands faits de l'histoire grecque, de l'histoire romaine et de l'histoire française connaît assez l'histoire humaine. Donc, s'il en est ainsi, il est inutile d'entrer dans ses détails.

TOUS LES OUVRIERS.

C'est certain ! c'est certain !...

ROMANE.

Au commencement du monde tous les hommes furent d'abord heureux, libres, égaux et frères. Et, s'ils furent d'abord tels, c'est parce que, à cette époque, ils possédaient tous la terre, ils avaient tous la même instruction, ils travaillaient tous, ils vivaient tous en république, tous comme vivent et comme vivront toujours les sociétés animales.

Cette époque, amis, fut l'époque heureuse, l'époque de notre enfance. Mais dès que, dans cette même époque, il y eut des idées d'ignorance et de connaissance, des idées de pauvres et de riches, de maîtres et d'esclaves, le bonheur du genre humain cessa bientôt par le despotisme de quelques-uns, sa république n'exista bientôt plus.

Ce fut alors, amis, que commencèrent à paraître les pauvres et les riches, les maîtres et les esclaves, les rois et les tyrans de tout genre.

Voilà comment eut lieu le début de l'histoire humaine, voilà comment il s'est continué jusqu'à nous... Voilà l'histoire, amis !...

SCÉVOLA.

Ah ! Dieu ! qu'elle est triste !...

ROMANE.

Vous le voyez ; la république fut d'abord le gouvernement naturel, le gouvernement premier de l'homme. Et la preuve qu'il le fut, c'est que nous en avons le modèle dans les espèces animales ; c'est, comme je viens de vous le dire, que les animaux vivent et vivront toujours en république.

TOUS LES OUVRIERS.

C'est sûr ! c'est sûr !...

ROMANE.

Donc, si c'est sûr, le gouvernement républicain est celui que nous devons suivre ; parce que c'est celui pour lequel nous avons tous été créés.

SCÉVOLA.

Si nous devons le suivre, nous le suivrons aussi.

TOUS LES OUVRIERS.

Oui ! oui !..... nous le suivrons ! nous le suivrons !...

ROMANE.

Si Dieu n'a pas imposé le gouvernement républicain aux hommes comme aux animaux, c'est parce qu'il a voulu, comme étant des êtres doués de raison, qu'ils le comprissent d'eux-mêmes, qu'ils le proclamassent d'eux-mêmes.

Et, pour les amener à ce point, il leur a donné des rois, des monarchies. Et, s'il les leur a donnés, c'est pour leur en montrer la laideur et le mal; c'est pour leur faire sentir, lorsqu'ils seront tous retournés à leur première forme de gouvernement, à la république, qu'ils ne devront plus la quitter.

Par ces paroles, comprenez-vous l'histoire du monde? Comprenez-vous combien les monarchies doivent nous être odieuses et les républiques agréables?...

TOUS LES OUVRIERS.

Oui! oui!... nous le comprenons! nous le comprenons!...

ROMANE.

Portez attentivement les yeux sur tous les animaux, regardez-les de près; vous verrez, et avec surprise, que dans chaque espèce, que dans chaque famille, il n'y a, parmi eux, ni princes, ni rois, ni pauvres, ni riches, ni maîtres ni domestiques... Ici, chacun travaille pour soi, chacun se sert à sa volonté.

Là, amis, là est le vrai bonheur, la vraie liberté, la vraie égalité, la vraie fraternité!...

Voilà, amis, n'en doutez point, la véritable république, la république par excellence, qui nous est donnée pour modèle. Et tant que la nôtre ne lui ressemblera point, tant qu'elle ne sera point basée, tant qu'elle ne sera point assise sur les mêmes principes, elle ne sera pas une république réelle.

TOUS LES OUVRIERS.

Très-bien ! très-bien !... Vive Romane ! vive Romane !...

De la philosophie.

LÉON.

A présent, parlez-nous aussi un peu de la philosophie.

ROMANE.

Très-volontiers.... C'est une chose que je ne dois, que je ne puis vous refuser.... Or, dès que je ne le puis, je vous l'accorde.

Pour les hommes, amis, qui n'ont point de conception, point de jugement, la philosophie est une science qui offre peu d'attraits, peu de ressources. Mais pour ceux qui pensent, qui ont des idées, elle est, au contraire, très-agréable, très-utile. Elle est telle, en ce qu'elle a pour objet de faire distinguer le bien du mal ; en ce qu'elle est le fil conducteur de toutes les connaissances humaines, ou la lumière qui éclaire tout, par laquelle on voit tout, on conçoit tout.

Cette science, étant ainsi, n'est pas seulement propré à étudier quelques actions, quelques fragments de la vie ; mais bien plutôt, au lieu de cela, tout ce qui s'y fait, tout ce qui s'y voit, tout ce qui s'y dit.

Pour preuve de cette vérité, vous n'avez, par exemple, qu'à porter les yeux sur l'histoire dont nous venons de parler, qu'à vouloir en examiner les causes et les effets. Mais, pour en venir là, comment vous y prendrez-vous?... Vous n'en savez rien ; car il vous faudrait, pour les voir à découvert, pour les voir au grand jour, comme une torche allumée, comme un flambeau à la main.

Et cette torche, ce flambeau, vous devez le concevoir ne sont autre chose que la philosophie, que cette science par laquelle on voit tout, on conçoit tout.

Tous les hommes, amis, ne naissent pas philosophes, mais tous, néanmoins, peuvent le devenir un peu ; parce que tous sont doués de sagesse et de jugement, parce que tous peuvent lire et étudier les livres de philosophie. Tous, par conséquent, peuvent donc, comme je vous le dis, devenir un peu philosophes.

Je le sais : celui qui n'a jamais lu les livres de philosophie n'aime pas à les lire, mais quand une fois il les a lus, compris, il ne peut plus les quitter, il les lit toujours. Et, dans cette lecture, il s'aperçoit bientôt alors et avec surprise, qu'il cesse d'être homme, qu'il devient presqu'un dieu...

Où la philosophie, dans ce cas, est le plus utile,

c'est lorsqu'elle a pour motif d'amener tous les hommes à voir toutes les choses de la vie par eux-mêmes, par leurs propres yeux, et non par ceux des autres. Et c'est-là, si les ouvriers veulent cesser d'être enfants, d'être esclaves, qu'il faut qu'ils en viennent, qu'il faut qu'ils arrivent.

Si, parmi les mortels, l'inégalité règne, si nous la voyons jusqu'au point où elle est, ce n'est pas parce qu'elle tire toute sa force de la misère, de la fortune; mais bien plutôt parce qu'elle la tire de l'ignorance, de la connaissance. Car il est reconnu, à cet égard, que si les riches nous sont supérieurs, que si, d'un seul coup d'œil, ils nous font souvent trembler, ce n'est point parce qu'ils sont plus fortunés, mieux vêtus que nous; mais seulement parce qu'ils ont plus de connaissances, parce qu'ils sont plus instruits.

LÉON.

Pour cela, c'est très-sûr.

TOUS LES OUVRIERS.

Oui! oui!... très-sûr! très-sûr!...

ROMANE.

D'où vient, amis, quand un riche nous regarde de près que nous n'osons point soutenir son regard? que nous nous sentons comme écrasés par ce regard?... Si, dans ce fait, la chose se passe ainsi, ce n'est pas, je vous le répète, parce que nous voyons que ce riche est plus fortuné, mieux vêtu que nous; mais plutôt parce que nous apercevons que son regard a quelque chose de supérieur au nôtre, quelque chose qui nous en impose, qui nous écrase!...

Et, ce quelque chose, sachez-le, c'est l'instruction, c'est la connaissance, c'est le flambeau philosophique.

LÉON.

Cela est encore vrai!...

TOUS LES OUVRIERS.

Très-vrai! très-vrai!...

ROMANE.

Oui, amis, soyez-en bien persuadés, bien convaincus; si l'inégalité qui règne parmi les mortels existe, ce n'est point parce qu'elle est née de la misère, de la fortune; mais bien plutôt parce qu'elle l'est de l'ignorance, de la connaissance... Et tant, dans cette vue, que tous les hommes ne seront pas égaux en instruction, tant qu'ils ne recevront pas tous la même, il y aura toujours parmi eux des pauvres et des riches, des tyrans et des esclaves, des maîtres et des domestiques.

Ne concevez-vous pas encore cette vérité?... ne la sentez-vous pas encore?...

TOUS LES OUVRIERS.

Si ! si !... nous la sentons ! nous la sentons !..

ROMANE.

Aujourd'hui, par exemple, que nous sommes en république, que tous les Français sont appelés à se gouverner eux-mêmes, à jouir de leur souveraineté, si les ouvriers étaient capables de siéger à l'assemblée nationale, d'être députés, ils le seraient, on les nommerait, et de préférence aux riches. Mais comme ils n'en ont pas la capacité, il faut qu'ils en restent là jusqu'au moment où, plus éclairés, ils pourront prendre part au gouvernement.

TOUS LES OUVRIERS.

C'est vrai ! c'est vrai !...

ROMANE.

Si vous en convenez, si vous le comprenez, instruisez-vous donc vite, alors ; étudiez donc vite la philosophie dont je vous parle ; lisez vite les livres qui vous l'enseignent.

TOUS LES OUVRIERS.

Nous les lirons ! nous les lirons !...

ROMANE.

Il vaut beaucoup mieux lire ceux-là que des romans, que des ouvrages qui vous gâtent l'esprit et les mœurs.

TOUS LES OUVRIERS.

C'est sûr ! c'est sûr !...

JULES.

Vous venez de nous dire que tant que nous serons gouvernés par les riches, nous serons toujours malheureux, toujours esclaves. S'il en est ainsi, pourquoi les nommer tous députés? Pourquoi ne pas en nommer aussi parmi les ouvriers?...

ROMANE.

Pour le moment, impossible!...

JULES.

Pourquoi?...

ROMANE.

Je vous l'ai déjà dit... Pour être député, il n'est pas absolument utile d'être orateur, de savoir bien parler. Mais de ce qu'on ne peut se passer, c'est d'un bon jugement, c'est de la connaissance des lois, de leur application. Or, il est parfaitement reconnu, à cet effet, que les ouvriers ne sont ni orateurs ni législateurs, qu'ils ne possèdent ni l'une ni l'autre de ces deux connaissances. Donc alors, je vous le répète, ils ne peuvent être députés pour le moment.

TOUS LES OUVRIERS.

C'est vrai! c'est vrai!...

ROMANE.

Vous le voyez!... Pour des hommes qui pensent, qui raisonnent, c'est une honte de voir que les ouvriers français qui vivent en république, qui sont appelés à siéger à l'assemblée nationale, à discuter les lois auxquelles ils doivent obéir, en sont incapables !...

Dans cette incapacité où vous êtes, réveillez-vous, amis !... Sortez vite de cet état d'enfance et de tutelle où vous vivez ; instruisez-vous vite, devenez vite orateurs et philosophes ; montez vite à la tribune législative, à la tribune qui vous appartient, car je brûle de vous y voir !...

TOUS LES OUVRIERS.

Bravo ! bravo !...

CHAPITRE SIXIÈME.

Des mœurs des ouvriers.

ROMANE.

Tous les hommes, sans exception, devraient avoir des mœurs pures, sans taches. Mais tous, malheureusement, ne les ont pas telles. Et ceux qui ne les ont pas ainsi, sont encore les ouvriers, les ouvriers qui, sous beaucoup de rapports, sont très-supérieurs aux riches ; mais qui, du côté des mœurs, leur sont très-inférieurs.

Les ouvriers, si on les regarde un peu de près, que voit-on parmi eux, du moins parmi un grand nombre? On voit, à l'égard des mœurs, les choses les plus basses, les plus dégoûtantes. Telles, par exemple, que la brutalité, l'impudicité, l'ivrognerie, l'impolitesse, etc., etc.

Toutes ces choses, amis, que je vous cite, que je vous reproche, vous ne pouvez pas dire qu'elles sont fausses, qu'elles n'existent pas... Car, pour les nier, elles sont trop communes, trop visibles...

TOUS LES OUVRIERS.

C'est vrai ! c'est vrai !...

ROMANE.

Je vis parmi vous, je vous connais, et je vois par conséquent ce que vous êtes, ce que vous faites. Je vois, mais à regret, que souvent vous préférez le mal au bien, que vous vous montrez plutôt vicieux que vertueux. Et cette conduite, vous en convenez, n'est pas celle que vous devriez tenir, celle qui convient à des êtres doués de raison, doués de sentiments de justice.

SCÉVOLA.

Oui, il faut en convenir : beaucoup, parmi nous, ont des mœurs indignes, des mœurs qui révoltent la raison, qui font honte à notre espèce.

ROMANE.

Je l'avoue : chez les ouvriers, il y a beaucoup de

choses qui me blessent, qui me déplaisent; telles que l'impudicité, l'insolence, la malpropreté, la férocité et la paresse; mais, de toutes ces choses, celle qui me déplaît le plus, c'est l'ivrognerie...

Celle-là, je ne puis la pardonner, l'excuser; elle me révolte... Quoi! un homme, un être raisonnable peut se rendre, par sa propre volonté, l'égal des bêtes!... Que dis-je! leur égal? Il ne l'est pas; car il est, par instant, cent fois au‑dessous d'elles.

Un cochon, amis, qui est l'animal le plus gourmand que l'on connaisse, boit et mange plus qu'il ne le peut; mais, une fois qu'il l'a fait, il se couche, il dort... Il n'en est pas ainsi de l'homme, de l'ouvrier ivrogne; car ce dernier, après en avoir fait autant que le premier, ne se contente pas, comme lui, de se coucher et de dormir; mais plutôt de se fâcher, de se battre, de faire tous les maux, toutes les sottises possibles.

Voici, amis, ce qu'est, ce que fait l'ouvrier ivrogne..... Cet ouvrier, comment le trouvez-vous?...

DAVID.

Je le trouve le plus sot, le plus bas, le plus dégoûtant de tous les êtres!...   .

TOUS LES OUVRIERS.

Moi aussi! moi aussi!...

ROMANE.

Quand on voit un tel homme, quand on le voit qui court les rues, les auberges, qui donne ainsi le mauvais exemple à la jeunesse, on devrait, si on faisait bien, l'exposer sur une place publique pendant quelques heures, l'attacher à un poteau et placer au-dessus de sa tête un écriteau qui porterait ces mots :

« *Homme ivre, animal insociable, irrésonnable.* »

CLÉON.

Pourquoi le punir de la sorte, cet homme? il ne fait pas de mal...

ROMANE.

Comment il n'en fait pas! vous plaisantez... Je trouve, moi, au contraire, qu'il en fait beaucoup; qu'il mérite, par conséquent, la punition dont je parle...

Quoi! un homme qui s'enivre, qui perd la raison par sa propre volonté, qui s'expose, par son ivresse, à tuer sa femme, ses enfants, ses amis ou toute autre personne, ne mérite pas la flétrissure! la punition publique!... Mais, hors ceux qui sont ainsi, quels sont ceux qui ne m'approuvent pas?... Il n'y en a aucun, j'en suis sûr...

TOUS LES OUVRIERS.

C'est vrai! c'est vrai!...

CLÉON.

Et si, après avoir subi cette punition publique dont vous parlez, il ne se corrigeait pas de son ivresse, s'il recommençait encore, que voudriez-vous qu'on lui fît cette fois ?

ROMANE.

Je voudrais qu'on le mît en prison.

CLÉON.

Et si cette prison ne lui faisait encore rien, s'il recommençait toujours ?

ROMANE.

Alors il ne faudrait plus lui adresser la parole ; il faudrait le regarder comme une bête féroce, comme un être immonde. Dans ce cas, je vous conseillerais, si vous faisiez bien, de le mépriser, de le chasser de vos compagnies, de vos tables, de vos temples et de vos travaux... Ce moyen, je crois, serait peut-être le plus propre à le changer.

TOUS LES OUVRIERS.

C'est possible ! c'est possible !

ROMANE.

Plusieurs fois, pour faire entendre raison aux ivrognes, pour les empêcher de frapper leurs femmes, leurs enfants, leurs amis ou d'autres personnes, j'ai failli être tué par eux... Or, je conclus de là que ces hommes, sans être criminels de sang-froid, se mettent, par leur état d'ivresse, dans le cas de le devenir.

Donc, s'ils deviennent tels, s'ils le deviennent par leur propre volonté, ils méritent, comme je vous le dis, d'être punis publiquement, et d'une manière très-sévère.

TOUS LES OUVRIERS.

Très-bien ! très-bien !

CATON.

A bas les ivrognes !

TOUS LES OUVRIERS.

Oui ! oui !... A bas ! à bas !...

ROMANE.

Amis, sachez-le : l'homme est d'origine divine ; il porte l'image du Créateur dans ses regards ; et cette image, sachez-le aussi, il ne doit pas la dégrader dans l'ivresse, dans la débauche.

TOUS LES OUVRIERS.

Non ! non !... Il ne le doit pas ! il ne le doit pas !...

ROMANE.

Pour ce qui est des mœurs, tenez-vous maintenant sur vos gardes. A l'avenir, ne vous enivrez plus, ne vous fâchez plus, ne vous battez plus.... Dans toutes vos pensées, dans toutes vos paroles, dans toutes vos actions, montrez-vous prudents, sages, vertueux.... Montrez, enfin, des mœurs pures, sans taches ; car c'est de la pureté, de la netteté de ces mœurs, que dépendent, en grande partie, votre bonheur, votre liberté.

Savez-vous, à cet égard, d'où a commencé à naître, à sortir l'esclavage ?

TOUS LES OUVRIERS.

Non ! non !... nous ne le savons pas ! nous ne le savons pas !...

ROMANE

Eh bien ! si vous ne le savez pas, je vais vous l'apprendre : c'est par la corruption des mœurs... Les premiers hommes, dans ce cas, qui s'enivrèrent, qui perdirent la raison par le vin, qui se fâchèrent, qui se traînèrent dans les rues, qui s'avilirent par la volupté, furent bientôt remarqués par d'autres.... et ceux-ci, après avoir un peu examiné ce qui se passait autour d'eux, se dirent :

« En voici qui ne sont plus des hommes; ils ne
« sont plus que des animaux, que des êtres irrai-
« sonnables. Or, comme ils sont tels, punissons-
« les de leurs crimes, enchaînons-les, fouettons-
« les, ôtons-leur la liberté qu'ils méconnais-
« sent. »

Et, dès lors, ils prirent des chaînes et des fouets ; ils enchaînèrent les esclaves volontaires, ils les fouettèrent et ils firent bien.

TOUS LES OUVRIERS.

Très-bien! très-bien!...

ROMANE.

Que cette leçon vous serve d'exemple, amis; qu'elle vous fasse comprendre que c'est d'après les mœurs d'un peuple que les législateurs donnent ou doivent donner de bonnes ou de mauvaises lois à ce peuple. Et remarquez bien, à cet égard, que c'est presque toujours ce qui a lieu, ce qui arrive. On en a déjà vu l'effet dans plus d'une histoire.

Il faut traiter en homme celui qui est homme, et en enfant celui qui est enfant, qui aime à y rester.

Ainsi, amis, à partir de ce jour, songez à changer de conduite, à changer le mauvais état de vos mœurs. Dans cette idée, dans cette résolution, devenez polis, chastes, modestes, sobres, justes et bienfaisants.

Depuis soixante ans, vous donnez l'exemple du courage et de la liberté à toutes les nations du monde; maintenant, ne vous en tenez pas là, allez un peu plus loin, donnez leur encore celui des mœurs et des vertus; car ce sera, cette fois, votre plus grande gloire, votre plus beau triomphe!...

Une nation, amis, qui n'a ni mœurs, ni vertus,

n'est pas une nation ; elle n'est qu'un pays d'êtres immondes, qu'un assemblage d'êtres informes et sans vie.

Ce qui, dans les bonnes mœurs, convient à l'homme, le caractérise, c'est un air grave et réfléchi, c'est une contenance douce et posée. Or, ce n'est pas ce que sont, ce que montrent les ouvriers français ; car la plupart, lorsqu'ils agissent, agissent comme de vrais enfants.... Ici, l'un fait le fou ; là, l'autre ivre, déchiré, se roule dans la boue ou dans la poussière ; un peu plus loin, un troisième se bat ou vole ses camarades....

Que tout cela est donc bas et repoussant !... Comme le cœur en est triste, resserré, affligé !... Tant que vous serez tels, amis, tant que l'on vous verra courir dans les rues en chantant, en criant comme des fous, vous serez toujours malheureux et esclaves, vous serez toujours trompés et méprisés par les riches. Ils vous enchaîneront toujours, ils vous fouetteront toujours, et ils feront bien !...

TOUS LES OUVRIERS.

Très-bien ! très-bien !...

————

CHAPITRE SEPTIÈME.

De l'union des ouvriers.

ROMANE.

Je vous ai dit, amis, en vous parlant de la fraternité, que tous les hommes naissent du même père, du même créateur, qu'ils sont tous unis par la naissance. Mais je vois, à cet égard, et avec déplaisir, qu'ils ne vivent pas ainsi, qu'il n'en est pas ainsi dans la vie.... Et si, dans cette vie, les choses se montrent telles, ce n'est point encore parmi les riches qu'elles frappent le plus la vue, c'est encore parmi les ouvriers.

Les ouvriers, vous le voyez, pour ce qui est du beau, du bien, ne sont jamais en avant, mais plutôt toujours en arrière. Et cela, je l'avoue; est regrettable, fâcheux.

TOUS LES OUVRIERS.

Tout à fait! tout à fait!...

ROMANE.

· Dans les monarchies comme dans les républiques, dans les villes comme dans les campagnes, il est cependant bien, il est cependant beau, que les hommes s'aiment, qu'ils soient unis; qu'ils connaissent et qu'ils pratiquent le principe de la fraternité.

Ce principe, dès qu'ils sont créés pour le connaître, pour le pratiquer ; dès qu'ils en ont l'idée, la connaissance, d'où vient qu'ils ne le suivent pas ? d'où vient qu'ils ne l'étudient pas ?... Pourquoi, au lieu de le suivre et de l'étudier, se fâchent-ils , se battent-ils, s'égorgent-ils ?...

Voilà, lorsque j'examine ces faits, lorsque je les pèse, ce qui m'étonne, ce qui me surprend ; ce dont je ne puis bien me rendre compte.

Les hommes, il n'y a point à en douter, sont bien créés pour s'aimer ? pour se chérir ? pour être unis entre eux ?... Et, tout étant créés pour être tels, ils se battent, ils se trompent, ils se volent, ils se tuent !... Pour des êtres doués de raison, qu'elle folie ! quelle animosité ! quelle férocité !....

Quoi ! amis, c'est vous ! Vous, ouvriers ! vous qui êtes ici ! vous qui m'entendez, qui vous traitez ainsi ? qui agissez ainsi les uns envers les autres ?... Mais, quand vous agissez de la sorte, où êtes-vous ? que faites-vous ?... A quoi, je vous le demande, pensez-vous ?...

CATON.

J'en conviens, je l'avoue avec douleur. Entre nous, entre nous, ouvriers ; il n'y a pas du tout d'union, d'amitié, d'accord.... Cette fraternité dont on parle tant en France, que l'on prône tant, n'existe que sur les drapeaux, sur les affiches, sur les murs, et non dans les cœurs, dans les actions.

TOUS LES OUVRIERS.

C'est sûr ! c'est sûr !

SCÉVOLA.

Il vaudrait beaucoup mieux, en effet, qu'on la vît moins sur les drapeaux, sur les affiches, sur les murs, et qu'elle fût plus forte dans les cœurs, dans les sentiments, dans les actions.

TOUS LES OUVRIERS.

Très-bien ! très-bien !...

CATON.

Quand vous nous reprochez notre infraternité, Romane, quand vous nous dites que nous ne vivons pas en amis, en frères ; que loin de le faire, nous vivons plutôt, au contraire, en ennemis, en discorde ; je trouve, pour ma part, que vous avez parfaitement raison.

TOUS LES OUVRIERS.

Tout à fait ! tout à fait !...

ROMANE.

Les ouvriers, sans se maltraiter, sans se tromper, sans s'injurier, ont pourtant, par leur triste position sociale, assez de maux réels, assez de maux dans leur travail, dans leurs privations de tous genres. Or, comme ils en ont assez de ceux-là, même beaucoup plus qu'il ne leur en faut, qu'ils n'en désirent; pourquoi en cherchent-ils d'autres? pourquoi se les procurent-ils volontairement?...

JULES.

Mettre de la raison là où il n'y en a point, n'est pas une chose facile.

ROMANE.

Hélas! non!... Et c'est pourtant toujours de ce côté que pêchent, que manquent tous les ouvriers, même les riches!

TOUS LES OUVRIERS.

C'est vrai! c'est vrai!...

ROMANE.

Dans les sociétés du compagnonage, dans tous ces divers corps d'état qui renferment des hommes qui se croient des esprits, des dieux; mais dont la plupart ne sont, au lieu de cela, que des animaux, que des bêtes féroces, que ne voit-on pas? quelles fureurs, quel carnage ne montrent - ils pas?...

Parmi ceux-ci, parmi ces hommes qui, lorsqu'ils se rencontrent, devraient toujours s'embrasser, se donner des poignées de main, que se fait-il, que se passe-t-il?... Ce qui se fait, ce qui se passe, le voici :

Si, pour leur malheur, ils ne sont pas de la même société, du même devoir, quoique tous hommes, quoique tous frères par la nature, par la naissance, il se saluent à coups de cannes, ils se percent la peau, ils se tuent !

Voilà, amis, ce que font ces grands hommes du compagnonage, voilà ce que vous faites de temps en temps, voilà comment vous connaissez et vous pratiquez la fraternité !...

CATON.

Il faut en convenir : à cet égard, même à beaucoup d'autres, la plupart des ouvriers français ne sont encore que de vrais brutes, que des animaux, que des bêtes de somme !...

LÉON

Vous les outragez !...

CATON.

Je dis la vérité, voilà tout.

TOUS LES OUVRIERS

Bravo ! bravo !...

ROMANE.

Loin de se trouver blessé de ces paroles, l'ouvrier sage, raisonnable, les approuve, les aime. Il n'y a, à cet effet, que le vagabond, que le sot, qui en est mécontent.

TOUS LES OUVRIERS.

C'est vrai ! c'est vrai !

ROMANE.

Désormais, que ces haines, que ces inimitiés, que cette férocité qui existent parmi vous, que je vous reproche, que vous voyez, cessent, s'anéantissent. Que la république, en tout temps, en soit entièrement lavée, purgée; qu'elle n'en entende plus jamais parler, que ses yeux ne s'en trouvent plus blessés, outragés.

Si, à côté des mots liberté, égalité, le mot fraternité figure aussi sur vos drapeaux et sur vos murs, que ce ne soit pas en vain. Dans cette circonstance, ne soyez pas seulement grands dans vos mœurs, dans leur pureté ; mais soyez-le également dans la fraternité, dans toute sa force. Donnez encore l'exemple de celle-ci à toutes les nations du monde, donnez-le leur comme celui des mœurs, comme vous leur avez déjà donné celui du courage et de la gloire.

TOUS LES OUVRIERS.

Nous le ferons ! nous le ferons !...

CHAPITRE HUITIÈME.

De la perfection des arts.

ROMANE.

Dieu, amis, comme être créateur, est, de lui-même, par sa nature, une lumière incréée, intelligente, parfaite, éternelle et infinie. Or, comme étant tel, il en résulte que tous les êtres qu'il crée, qui sortent de son sein, lui ressemblent tous un peu, qu'ils ont tous, plus ou moins, une portion, une partie de cette lumière, de cette intelligence dont il les crée.

Mais de tous ces êtres, de tous ceux que nous connaissons, qui habitent la terre, l'homme est, sans nul doute, le plus parfait, le plus intelligent; celui qui possède, de toutes façons, le plus de connaissances, le plus de lumières.

Vous comprenez tous ceci, amis?... vous saisissez tous cette grande vérité?...

TOUS LES OUVRIERS.

Oui! oui!... Tous!... tous!

ROMANE.

Comme nous sommes tous créés d'une portion, d'une partie de la substance, de la lumière divine, nous ne devons point avoir, pour cette raison, d'idées obscures? d'idées confuses?... Mais bien plutôt, au contraire, des idées claires, nettes, précises?...

JULES.

Ceci est sûr.

ROMANE.

Par ces idées, nous ne devons pas, en conséquence, penser et juger comme des aveugles? comme des machines?... Mais plutôt au lieu de cela, avec attention, avec sagesse, avec discernement.

TOUS LES OUVRIERS.

C'est vrai! c'est vrai!

ROMANE.

Si c'est vrai, Dieu, en nous créant tels, nous a donc tous créés parfaits?...

TOUS LES OUVRIERS.

Oui! oui!... Tous! tous!...

ROMANE.

A cet égard, il n'y a pas seulement que nous qu'il a créés ainsi, mais encore un très-grand nombre d'animaux; car il y en a beaucoup parmi eux, dans chaque espèce, qui ont, dans leur manière de voir, d'agir, bien plus de sagesse, bien plus de raison que l'homme.

TOUS LES OUVRIERS.

C'est possible! c'est possible!...

ROMANE.

Savez-vous pourquoi?...

TOUS LES OUVRIERS.

Non! non!... Nous ne le savons pas! nous ne le savons pas!...

ROMANE.

C'est parce que ces êtres suivent toujours leur instinct naturel, parce qu'ils ne s'écartent point, comme nous, des principes des lois divines; parce qu'ils ne les méconnaissent point.

TOUS LES OUVRIERS.

C'est clair! c'est clair!...

ROMANE.

De même, amis, que Dieu nous a créés pour penser avec attention, avec sagesse, avec jugement, avec discernement, de même, il nous a créés pour travailler aussi avec goût, avec art, pour faire tout ce que nous concevons, tout ce que nous produisons, d'une manière solide, parfaite, finie.

Or, comme il nous a créés pour agir ainsi, nous devons tous lui obéir. Mais ce n'est pourtant pas à cet égard, ce que font beaucoup d'ouvriers; car la plupart, loin de travailler proprement, solidement parfaitement; travaillent plutôt sans goût, sans attention. Tout ce qu'ils font, ils le tuent, ils l'écorchent. Et cela, vous devez en convenir, n'est pas bien, n'est pas raisonnable.....

TOUS LES OUVRIERS.

C'est sûr! c'est sûr!...

ROMANE.

L'oiseau bâtit son nid solidement, artistement. Il se plaît à lui donner des formes gracieuses, élégantes. Et, pour qu'il les ait, pour qu'il soit bien proportionné, bien fini, il le regarde souvent, il le polit et le repolit sans cesse.

Tous les animaux agissent ainsi, tous suivent les principes nécessaires à leur travail ; l'homme seul s'en écarte, l'homme seul se montre dans toutes ses œuvres, sans goût, sans art.

Cet être, amis, qui est créé si adroit, si intelligent, qui peut faire tant de belles choses, tant de merveilles, d'où vient qu'il est tel ? d'où vient qu'il reste souvent au-dessous des animaux, ses inférieurs?...

LÉON.

Je vais vous en dire le motif : s'il reste souvent au-dessous d'eux, s'il ne travaille pas aussi bien, ce n'est point faute de goût, de volonté ; c'est seulement parce qu'il est trop avare, parce qu'il craint trop le maître ou le riche sous lequel il travaille.

ROMANE.

Non, ce n'est pas cela ; c'est plutôt parce qu'il n'a point l'amour du beau et du bien, parce qu'il travaille sans attention, sans volonté; parce que ce n'est qu'une machine qui opère, qui agit sur une autre machine.

TOUS LES OUVRIERS.

C'est vrai ! c'est vrai !...

ROMANE.

On a pourtant plus de plaisir à produire un bel ouvrage qu'un vilain. Or, comme on en a plus, pourquoi ne le fait-on pas? d'où en vient encore la cause?...

CATON.

De la bêtise et de la paresse.

ROMANE.

Cette fois, vous avez raison; vous avez parlé juste.

TOUS LES OUVRIERS.

Très-juste! très-juste!...

ROMANE.

Celui qui travaille sans attention, sans principes, pense de même : c'est absolument, comme je viens de vous le dire, une machine qui opère, qui agit sur d'autres machines, un mouton qui dirige, qui conduit d'autres moutons.

TOUS LES OUVRIERS.

C'est sûr ! c'est sûr !...

SCÉVOLA.

De là qu'allez-vous conclure?...

ROMANE.

Que le beau et le bien sont toujours préférables au vilain et au mal, que nous devons tous travailler et penser avec discernement, avec principes.

JULES.

Cela est clair.

ROMANE.

En toutes choses, en tous genres, aimez le beau et le bien dont je vous parle; aimez-les dans vos réflexions, aimez-les dans toutes vos actions. Que partout, que dans tout ce que vous pensez ou ce que vous faites, l'idée de perfection et d'élégance soit toujours votre guide, votre point de mire. Qu'elle le soit dans vos mœurs, qu'elle le soit dans tous vos travaux.

TOUS LES OUVRIERS.

Elle le sera aussi, elle le sera aussi!...

ROMANE.

Très-bien! très-bien!...

———

CHAPITRE NEUVIÈME.

Du droit de parler et de se réunir.

ROMANE.

Sous les monarchies, amis, sous les gouvernements de fers, les ouvriers étaient tous regardés comme des animaux, comme des bêtes de somme. Sous ces féroces époques, ils n'avaient, aux yeux des rois et des riches, aucun droit, aucun pouvoir; pas même la liberté de se parler en public, de se réunir en assemblée.

Pour des hommes qui pensaient, qui avaient des idées, des sentiments; c'était, j'espère, les outrager à fond, c'était les prendre tout à fait pour de vraies machines.

TOUS LES OUVRIERS.

Absolument! absolument!...

ROMANE.

Ne trouvez-vous pas, à cet égard, que leur existence était bien malheureuse? bien à plaindre?...

TOUS LES OUVRIERS.

Oui! oui!... nous le trouvons! nous le trouvons!...

ROMANE.

Dans cet état, dans un tel esclavage, je suis étonné de voir leur patience, je ne puis la comprendre.

TOUS LES OUVRIERS.

Nous aussi! nous aussi!...

ROMANE.

Si, sous les monarchies, sous les gouvernements de fers, les ouvriers ne pouvaient ni se parler en petit nombre, ni se réunir en assemblée, il n'en est pas ainsi aujourd'hui; car aujourd'hui ils le peuvent, la république le leur permet. Si donc elle le leur permet, qu'ils le fassent, qu'ils se réunissent en grand nombre, qu'ils forment des assemblées, qu'ils en forment dans toutes les villes, dans toutes les campagnes.

Là, dans ces assemblées, qu'ils discutent tous leurs droits et leurs devoirs, qu'ils parlent de tout ce qui peut intéresser leur bonheur, leur gloire, leurs vertus et leurs richesses.

DAVID.

Sous peu, ils le feront peut-être.

LÉON.

Pour le faire, ils n'en ont pas encore l'idée.

ROMANE.

S'ils ne l'ont point, nous allons la leur inspirer ;
nous sommes ici exprès pour cela.

TOUS LES OUVRIERS.

C'est vrai ! c'est vrai !...

ROMANE.

Comme nous venons de renverser les rois, les
monarchies, nous n'en voulons plus, n'est-ce
pas ?...

TOUS LES OUVRIERS.

Non ! non !...

ROMANE.

Ce que nous voulons aujourd'hui, ce que nous
désirons, c'est la république, la république que
nous adorons !...

TOUS LES OUVRIERS.

Oui ! oui !... c'est elle ! c'est elle !...

ROMANE.

Il ne s'agit pas que de la vouloir, que de la
désirer ; car il s'agit de savoir avant si elle nous
convient, si nous pouvons y vivre.

TOUS LES OUVRIERS.

Cela est sûr ! cela est sûr !...

4.

ROMANE.

Si nous ne pouvions pas y vivre, si nous ne la comprenions point, encore que la monarchie nous déplaise, il vaudrait mieux la reprendre.

TOUS LES OUVRIERS.

D'accord ! d'accord !

ROMANE.

Que nous faut-il pour vivre en république?... Il nous faut une bonne constitution , de bonnes lois. Mais pour l'obtenir, cette constitution, pour obtenir les lois qui en sortent, il nous faut aussi un bon législateur; et ce législateur, cet homme de lois , il est rare.

TOUS LES OUVRIERS.

Très-rare ! très-rare !

CATON.

Hors vous, s'il n'est point en vous, je n'en vois pas d'autre.

ROMANE.

Je ne dis pas que je le suis , je ne dis pas non plus que je ne le suis pas...; tout ce que je sais, à ce sujet, c'est, si je ne le suis point, que je désire l'être, que je travaille à le devenir.

TOUS LES OUVRIERS.

Très-bien ! très-bien !

ROMANE.

Dans ce cas, je remarque une chose ; c'est, pour fonder notre républiqne, pour l'asseoir sur de bonnes bases, sur un *trône* solide, durable, que nous n'avons point, en ce moment, d'hommes qui en soient capables, qu'il n'y en a ni parmi les riches, ni parmi les ouvriers.

Les premiers, pour faire de bonnes lois, ne savent que parler un peu ; les derniers ne savent que travailler. Or, pour gouverner, il faut connaître les deux choses. Donc, s'il faut les connaître, les uns et les autres les ignorent. Donc alors tous sont incapables d'être bons législateurs, bons députés.

TOUS LES OUVRIERS.

C'est vrai ! c'est vrai !...

ROMANE.

Si, pour le moment, ils ne peuvent l'être, préparons-les à le devenir ; traçons-leur, pour cela, la route qu'ils ont à suivre, qu'ils doivent parcourir.

TOUS LES OUVRIERS.

Tracez-la ! tracez-la !...

ROMANE.

Il y a, pour asseoir sagement, solidement notre république, des principes de législation que Dieu a gravés chez tout homme qui pense bien, qui juge bien, qui a de la sagesse, de la vertu ; et c'est, si je le puis, de ces principes dont je vais vous parler, vous entretenir. Or, comme je me propose de les développer, de les dérouler à vos yeux, voyons-les, examinons-les.

TOUS LES OUVRIERS.

Parlez ! parlez !...

ROMANE.

Comme le cultivateur, j'ai préparé le terrain ; maintenant je vais l'ensemencer.... Tâchez, amis, en recevant cette semence dans vos idées, qu'elle y germe, qu'elle ne se perde point, qu'elle vous soit profitable.

TOUS LES OUVRIERS.

Nous tâcherons ! nous tâcherons !...

FIN DE LA PREMIÈRE PARTIE.

NOTES.

Comme ici je m'adresse à des hommes privés, en général, d'instruction, j'ai dû, pour les conduire au but vers lequel je veux les diriger, les préparer à me prêter leur attention, à m'entendre ; et c'est ce qui fait alors que cette première partie, qui est consacrée à obtenir ce résultat, est peu satisfaisante pour les personnes un peu instruites, un peu éclairées.

Si, comme je l'annonce dans le plan, cet ouvrage offre quelque chose de nouveau, d'utile, de remarquable, ce n'est qu'à partir du commencement de la seconde partie qu'il devient attrayant, intéressant. Mais, à partir du commencement de cette seconde partie et dans les deux autres, on ne trouvera, je puis l'assurer sans orgueil, que des idées neuves, frappantes, ou que des idées propres à toucher, à captiver le monde physique et le monde moral.

Or, comme la suite de ce livre est telle, que l'on ne manque point de le voir, que l'on en prenne vite connaissance ; car ce sera peut-être de cette connaissance-là que dépendront, en grande partie, le bonheur et la paix de l'espèce humaine.

L'alphabet rimé, ou l'art d'enseigner la lecture élémentaire par l'écriture, l'orthographe, la mesure, la rime, la gradation et la classification, est sous presse, ainsi que le conjugateur rimé, ou l'art d'enseigner la conjugaison et l'orthographe des verbes par la mesure et la rime.

Ces deux ouvrages qui se font suite, ou dont le premier a pour objet d'enseigner la lecture élémentaire et l'orthographe des substantifs, et le second celle des verbes, paraîtront dans le courant du mois d'août ou du mois de septembre prochain (1848), et se trouveront chez l'éditeur de cet ouvrage-ci.

Les deux livres annoncés auront chacun environ 150 pages, format in-douze, et seront de la plus haute importance pour les enfants des écoles primaires, de même que pour les grandes personnes peu avancées en orthographe, surtout en orthographe des verbes.

Comme ces deux livres offrent un tel avantage, j'engage aussi fortement les personnes qui en auraient besoin pour leurs enfants ou pour elles-mêmes, d'en prendre connaissance.

La mesure et la rime, dont on ne s'est point encore servi jusqu'ici, sont, pour enseigner la lecture élémentaire, ainsi que l'orthographe des substantifs et celle des verbes, d'un secours très-puissant. Quand on voit le résultat des connaissances que l'on obtient par ces deux principes, on est tout étonné, tout surpris.

Depuis que les deux premières feuilles de cet ouvrage-ci sont publiées, j'ai reconnu, comme je le dis dans ces deux premières feuilles, que la plupart des ouvriers français sont incapables, indignes de vivre en république. Cette république, je le vois avec regret, avec douleur, est venue trop tôt pour eux.

Cette première partie, comme étant très-morale, très-élémentaire, très-instructive, peut servir de livre de lecture courante aux enfants des écoles primaires.

SAINT-DENIS. — IMPRIMERIE DE PREVOT ET DROUARD.

www.ingramcontent.com/pod-product-compliance
Lightning Source LLC
Chambersburg PA
CBHW051610060726

47597CB00004B/1227